D0130767

ЛЮБОВЬ

(коротко)

Л
ЖВАНЕЦКИЙ

ЛЮБОВЬ
(коротко)

ЭКСМО
МОСКВА

УДК 82-7
ББК 84(2Рос-Рус)6
  Ж 41

Жванецкий М. М.

Ж 41   Любовь (коротко)/Михаил Жванецкий. —
М. : Эксмо, 2012. — 176 с.

УДК 82-7
ББК 84(2Рос-Рус)6

ISBN 978-5-699-56936-6

Собрал короткое о любви.

Может высказывания пригодятся, а может любовь короткая.

В интернете моя фамилия есть, но много не моего.

Дожил! Раньше слова без фамилии, а теперь наоборот.

Бегать и затаптывать сил не хватит.

Наша сказала.

Ваша взяла.

Та же благодарность Саше Сысоеву, Олегу Сташкевичу и особенно Кате Герасичевой и Вадиму Беляеву. Давним и преданным.

Сборник не для чтения — открыл и произнёс!

Всегда неподалёку
М. Жванецкий

Клопчик. Птенчик. Козлик.
Листик. Кошечка.
Козочка.
Змеюка. Гадюка.
Золотце.
Счастье.
Звоночек.
Солнышко.
Моя радость.
Моё последнее увлечение.
Это всё — женщины.

И то, что они целуют вас, ничего не значит; и то, что они выходят за вас, ничего не значит. Всю жизнь будете думать, что она вас любит, и она вам будет это говорить, и не узнаете правды, и проживёте счастливо.

В Ялте, Сочи и других южных городах, как только стемнеет, в комнаты налетают мужики на свет лампы. И кружат, и сидят. Один-два крупных, три-четыре мелких. А дома у них жжёны, жжёны, жжёны...

Я скажу тебе о своём чувстве. Это чувство к тебе я пронёс через всю жизнь. Я пронёс его через войну, через ещё более трудное мирное время. Я пронёс это чувство через всю жизнь и вот сегодня говорю: «Я не люблю тебя!»

Ты женщина, ты должна: раз — лежать,
и два — тихо.

Стерва — когда ей говорят: «Пятью пять — двадцать пять», — она говорит: «Нет».

Я всю жизнь воюю с женщинами, но эти мерзавки так уклончивы, что чаще хлещешь по месту, где она только что была.

Это уже борьба с государственными учреждениями.

Хорошенькую женщину надо подержать на морозе, подождать, пока она чуть присыплется снегом, потом внести в помещение и быстро целовать, пока она не оттаяла.

Они очень вкусны со снежком до своих сорока и до ваших пятидесяти.

Сегодня у меня ночует девушка из РСУ,
что покрывала у нас пол лаком.
Если б она крыла спиной к дверям,
её три дня не было бы видно, а так,
к сожалению, мы сошлись.

В этой любовной спешке он содрал с себя бельё раньше пиджака.

В том-то и дело: когда я уже на эту встречу пошла, я должна была вызвать образ мужа.

Я не человек... Я вспоминаю этот вальс...
Я не женщина... Я отключилась до утра...
Я лежу и вспоминаю... Ты напрасно меня
привёл... Я не человек, я не женщина... Па-
па-ри-та-та... Нет... Не это... Ти-ри-ра-рай...
Отойди!

Та-ра-ти-рай-та... Тира-тира-тира-там...
Да уйди ты... Ти-ра, та-ра, а-а-там... Уйди!..
Тара, тира, ра-ам... Цира-рита-рам... Цим-
тара-там... Есть! Есть!
Цирам-тари-там-там... Он! Вальс! Вальс!
Та-ра-та-ри-там-там, та-ра-та-ри-там-там...
Господи, какой ты глупый...

В мужчине заложено чувство ритма.
Только нужно ему разрешить.

Ради неё он построил подводную лодку, чтобы уплыть в Финляндию с ней.

И она опоздала на час к отходу, а он, сука, ушёл точно по расписанию. Как она рыдала, бедная, глядя на перископ. А он сидел в рубке, принципиальный, сволочь.

Ей потом говорили: «Не жалей. С таким характером и там никто жить не сможет».

«Войдите в моё положение», — сказала она. И он вошёл в её положение, и ещё раз вошёл, и оставил её в её положении.

Я тебя настолько изучил.

Я один знаю, что поцеловать, чтобы ты замолчала, и на что нажать, чтобы ты начала говорить.

У нас с женой двое. Общая дочь 15 лет и сын жены 10 лет.

Зачем ты его ведёшь в кино?

Там зажжётся экран — и каждая лучше тебя.

Веди его в парк.

У мужчины в жизни две задачи, две великие проблемы: как соблазнить и как бросить.

Решив первую проблему, он тащит на себе всю жизнь в надежде бросить.

Надежда бросить никогда не оставляет мужчину.

Даже родив кучу детей и потеряв все перспективы, он лелеет эту единственную, светлую.

И наконец бросает.

Правда, трусливо.

Бросает так, чтобы бросаемый не догадался.

Он объясняется в любви, нежно целует, заботливо подносит, тщательно маскируя само бросание.

Бросаемый плачет от радости, бросающий плачет от сочувствия...

Это происходит так долго, что оба, к счастью, не доживают.

Свобода — это женщина.
Тюрьма — без женщины.
Власть — без женщины.
Старость — без женщины.
Болезнь — без женщины.
Свобода — это женщина.

Вот он снимет с тебя руку, и ты перестанешь так хорошо говорить, так проницательно смотреть.

Ты интересна, пока он держит руку на тебе.

Не можешь любить — сиди дружи!

Вино — как женщина. Только перебродив, оно приобретает настоящий вкус.

Женщину легче поменять, чем понять.

Кто женился на молодой, расплатился сполна: она его никогда не увидит молодым, он её никогда не увидит старой.

Чем мне нравятся «мини» — видишь будущее.

* * *

А вообще мой дамский цветник давно превратился в гербарий.

Любить — значит говорить с каждым пальчиком отдельно.

* * *

Одно неловкое движение — и вы отец.

Я хочу вместо термометра вывесить Наташу за окно и смотреть среди ночи.
— Бр-р.
— Сколько?
— Градусов семь.
— Чёрт! Беру тёплое одеяло.

Она с собой несла три радости: приезд, пребывание и отъезд.

Лучшие женщины смотрят вам прямо в глаза, что бы вы с ними ни делали.

Хорошенькая журналистка пылко сказала:

— Я всем своим существом за многопартийность, я всем своим существом за демократию. Присутствующим мужчинам это так понравилось, что они тут же стали подходить:

— А что вы сегодня вечером делаете?

Мы за что боремся всю жизнь? Чтобы придя ночью, улёгшись в постель, обняв жену, услышать: «Миша, ты?»

Узнала!

Ты полтора часа сидела, раскрыв рот, ожидая, что во второй серии что-то произойдёт. А ничего и не произошло. Как к тебе относиться после этого?

— Дорогая, ставьте чайник на огонь
и идите быстрей ко мне.

— Простите, на большой огонь ставить?

Трудно расстаться только с первым мужем, а потом они мелькают, как верстовые столбы.

— Да! Я люблю тебя, а сплю с другими.
— Почему?
— Время такое.

Мадам, мы с вами прекрасно дополняем друг друга. Я умный, весёлый, добрый, сообразительный, незлопамятный, терпеливый, интеллигентный, верный, надёжный, талантливый....

Мужчина — это профессия.
Женщина — это призвание.
И наоборот!

Насколько всё упростилось: измену прощают, но если во время измены она плохо о муже говорила — нет ей прощения.

А вы когда-нибудь лежали с красивой балериной параллельно, совершенно не пересекаясь?

И вдруг я обиделся на женщину, которую забыл.

В чём радость советской женщины?

С огромным трудом купить красивые туфли, прийти в них в театр и встретить ещё шестнадцать человек в таких же.

Она посмотрела на часы:

— Ой! Уже десять. Что скажет мама?

И тут же успокоилась.

Через час опять случайно посмотрела:

— Ой! Уже одиннадцать. Что скажет папа?

И успокоилась...

Как только её взгляд падал на часы:

— Ой! Уже шесть! Что скажут на работе?

Крики повторялись каждый час. Потом она забылась лёгким, праздничным, дачным сном.

«Выпьем за женщин, которые до сих пор, — и он показал рукой, — нас волнуют».

У меня в коммуналке жила склеротическая подслушивалка. Бабка-склеротичка. Всё подслушивала, но всё забывала. Это большая трагедия.

«Ты прав», — сказала жена,
но разговаривать перестала.

* * *

Гляжу на Вас и думаю: как благотворно
влияет на женщину маленькая рюмочка
моей крови.

БЫЛИ ЛЮДИ

Их девиз: встретил женщину — бери,
не взял — не встретил.

Она: «Хочешь, я помолчу? Поверь мне, я ещё никому этого не предлагала».

Девица без зубов и без штанов закричала: «Какие люди!..» Я сказал: «Тсс». Она сказала: «Понял».

У нас в Одессе появление женщины торжественное.

Дверь открывается, начинается грудь, грудь, грудь, грудь.

Потом плечи, плечи.

Потом зад, зад, зад.

Потом — бант, красный огонёк — всё, женщина кончилась.

Она кричала и плакала:

— Какие вы, мужчины, все одинаковые — и отец, и брат, и ты. Вы все говорите одно и то же: не бросай незастеленную постель, не оставляй грязную посуду, не ешь семечки в постели, не бросай одежду посреди комнаты, не оставляй мусор на ночь.

И ты уже, казалось бы, в Москве, уже культурный человек — и то же самое.

ФИГУРНОЕ КАТАНИЕ

Она такая маленькая, такая маленькая, чистенькая, беленькая.

А он такой здоровый, грязный, кривоногий.

Она такая аккуратная, нежная, стильная.

А он такой жуткий, чёрный, волосатый.

И я отца его знаю: такой грязный, здоровый, вонючий, кривоногий.

А мама у них такая маленькая, беленькая, чистенькая.

Как они сошлись?

И родили такого здорового, грязного, кривоногого, который вертит и мучит эту маленькую, нежную, чистенькую, хрупкую.

И добивается высоких результатов.

ИСТОРИЯ ВКРАТЦЕ

Он ей очень нравился.

Она позвонила ему и сказала, что у неё есть два билета в театр.

Билеты сейчас дорогие.

Он пошёл с ней.

У театра она сказала, что пошутила, что нет у неё никаких билетов.

Он честно сказал:

— Вас сейчас оставить или проводить куда?

Она сказала — оставьте сейчас.

И он ушёл.

А билеты у неё, конечно, были...

Я был непорядочен в цели, она была непорядочна в средствах.

* * *

Роль женщины в нашей жизни очень проста: возбуждать и успокаивать.

Мы в одесской квартире, когда принимаем знакомых, раздвигаем стол.

А когда все сидят, дамы, протискиваясь, спиной тушат свет.

Зина прошла — потух.

Галя прошла — потух.

Люба прошла — навсегда потух.

Соня прошла — горит.

— Сонечка, поздравляем, вы похудели...

Я говорю маман:

— Давай-ка ещё к стене придвинем, пусть спортом занимаются.

Из всех женщин ему нравились новые.

Она любила задавать сразу несколько вопросов:

— Ну где ты? Как ты? Что с тобой? С кем ты сейчас? Как мама? Где Митя? Почему не звонишь? Как погода? Много ли людей в Аркадии? Как музыка?

Он отвечал:

— В Одессе! Так же. Ничего. С той же. Приболела... В спортзале. Через день... Пасмурно... Не так много. Ревут, сволочи.

Она долго пыталась соотнести ответы.

Потом говорила «тьфу» и бросала трубку.

Так он её перевоспитал.

Телеграмма и муж пришли одновременно.

Жена читает телеграмму:

«Приехать не могу! Встречать не надо. Не знаю, когда выеду. Тут такое произошло. Я не вернусь. Устраивай свою жизнь. Успокой детей. Андрей».

— Как хорошо, что ты приехал. А когда ты посылал эту телеграмму?

— Не обращай внимания.

— Ну слава Богу.

Одно дело — хочется.
Другое дело — тянет!!!

— Вы к жене равнодушны?
— Мне вообще люди не нравятся.

У неё два недостатка.
Первый: она не включается.
Второй: включившись, не выключается.
То есть нет пуска и стопа.
А так всё при ней.

Нет. Никогда не уедешь отсюда. Потому что другая женщина не скажет тебе в слезах: «Проклятый подонок! Не бросай меня, не бросай...»

Какое счастье, что женщину можно любить не только весной, но и осенью.

Как не животные.

Как не звери.

Ибо люди мы.

Я тебя люблю. Я с тобой на красный свет пойду.

* * *

Женщина, если она твоя, — не уйдёт.
Если уходит — значит, не твоя.

Почему «уйди» мы кричим, а «приди» — шепчем?

Когда надо бы наоборот.

Теория вероятности на женщин
не действует.
И гравитация на них не действует.
Поэтому они так нравятся населению.

В Одессе мулатка — это белая женщина с чёрным ртом.

Не знаю, эти мужики такие глупые!
Без света вспомнить некого.
Ей-богу!
А как они о себе...
Думают, что даже в темноте они все разные.

Молодая врачиха встречалась с одним врачом довольно долго, потом заявила: «Надоело мне это амбулаторное житьё. Перехожу на стационар».

Вот время — жён меняют, любовница постоянная!

Старая актриса после юбилея:

— В этот вечер человек двадцать спрашивали меня, как я живу, и ни один не дождался ответа.

Беда в том, что мы женимся либо на худших из лучших, либо на лучших из худших.

Она ему сказала:
— Давай разбудим зверей.
И они разбудили.
— Теперь дадим зверям уснуть.
И они уснули.

Женщина за рулём — что пешком.
Стиснув зубы, преодолевает бордюр.
Задыхается на подъёме.
Приподымает юбку в луже.
Вытирает лицо платком, когда обрызгивают
лобовое стекло.
То есть полное слияние с автомобилем.
И лёгкое непонимание его устройства.

Хорошенькая тётка из воды торчит.

А скажите, «хорошенькая» — это достаточно для характеристики женщины?

Достаточно.

Хорошенький мужчина — нет.

Чего-то не хватает.

Как «красивый револьвер».

А какого калибра? А сколько патронов? А дальность боя? Кучность стрельбы?

Масса вопросов.

А к мишени вопрос один: где она?

На пустынном берегу шептались две девушки.

Она не могла кушать и думать одновременно.

Капитан:

— Круиз. Поселили случайно двух мужчин и двух женщин в одной каюте. Крики, протест... Я являюсь до отхода, говорю: «Не волнуйтесь. Потерпите одну ночь. Я вас расселю».

В следующий раз являюсь через три дня.

— Что? Кто? Зачем? Всё в порядке! Главное — выдержка!

Она вышла на сцену с цветами.

Поблагодарила за прекрасный концерт, за огромный заряд бодрости, за юмор, и вручила цветы.

Пришлось растеряться, так как концерт ещё не начинался.

Звонят милые женские голоса и зовут, зовут...

Я всегда шёл на эти голоса.

Страдал, но шёл.

Вернее, сначала шёл.

Но те звали с собой, а эти к себе.

— Почему она на ночь так долго красилась?
— Должна прийти домой такая, какая ушла.

Когда мужчина говорит: «Я люблю женщин», — он любит себя.

Когда он говорит: «Я люблю женщину», — он любит её.

Сколько раз я говорил жене:

— Не ходи бесшумно. Не вырастай сзади. Береги себя.

— А сосед знал о вашей беременности с первого дня.

— Что значит — с первого дня?

— Почему ваша жена весь день дуется?
— Её с утра угнетает гигантский разрыв между бедностью и богатством.

О некрасивой стерве никто не узнает
до самой смерти.
И какой у неё смысл быть стервой?
Сложнейшее положение.

Она честный человек, поэтому не играет на фортепиано, хотя закончила консерваторию.

Плохое в характере женщины — от красоты.
У мужчины — от таланта.

Моя остроумная подруга из Израиля.

— Ты как там живёшь в Израиле?

— Я тебе пришлю фотографию моего выключателя, и ты поймёшь.

— Вы имеете в виду моего первого
или самого первого мужа?
— ...
— А мой самый последний — это вы.
— Я?!
— Не верите? Поговорим через год.

Весь ужас в том, что разбудить её может только телефонный звонок, но я пока ей доверяю.

Её глаза напоминали стрелку компаса — она могла вертеться и раскачиваться, болтать и смеяться, а глаза смотрели в ваши неотрывно.

Ты очень-очень разная.
То ты собираешь волосы и расплетаешь ноги.
То ты распускаешь волосы и заплетаешь ноги.

Всё-таки у женской любви язык особый.

Первый единственный, второй единственный, третий единственный.

Потом идёт толпа мерзавцев брошенных.

За ней ещё один единственный.

Всё! Конец!

Танцевали, танцевали вдвоём, а она вдруг
сказала:
— Всё хорошо, только мне партнёра
не надо...
Я еле отдышался.

Мужчины всегда будут покупать любовь.
Чтобы не врать, чтобы не притворяться.
Мужчина и женщина отдают друг другу
накопленное.

Наши женщины могут легко выбирать страну проживания.

Им в спорте платят не за рекорды, а за красоту.

Наши мужчины происходят от тех же родителей, но жизнь, работа, бизнес и раннее безволие делают их похожими на смятую бумагу.

Любовь — это когда пишешь пальцем слова на теле любимой и она читает.

Обожаю грузин и наших женщин.

Уже второй раз в Ялте грузин подходит
к девушке и начинает бить руками
по скамейке какой-то ритм, глядя на неё.

Останавливает руки, бьёт ногами, глядя
на неё:

— Почему скучная?

И опять бьёт руками.

Видимо, ей настолько надоели слова,
что вечером я уже видел их в ресторане.

Что такое общение — то, что остаётся от дружбы и любви.

Первая жена — лошадь.
Вторая — коза.

Её ошибка в том, что она стала бросать в меня камешки, хохотать и падать на меня сверху.

Ребёнок рассказывает:

— У нас две новые воспитательницы.
Задают нам загадки хорошие.
Кто правильно ответит, тому дают жетон.
Кто наберёт больше всех жетонов, тому —
премию.

— Какую?
— Баксы.
— А где ж они берут?
— Путанят потихоньку.

Эта женщина мужские взгляды не отражает,
а впитывает.

Если она балерина и её не возбуждает вид собственных ног, то и мне это не передаётся.

После появления её на экране он сказал:
— Человек должен стариться дома.

Женщина вначале — то, что имеет.
Потом — то, что умеет.
Мужчина — наоборот.

— Вы — женщина, эти цветы для вас.
— Что я должна делать? Мне даже некуда
сесть!
— Садитесь на цветы, вы — женщина!

Старушки на скамеечке, как куры на насесте.
Бодро смотрят до восьми вечера.
Потом глаза закрыты. Спать.

Красивые машины и красивые женщины появляются в стране одновременно.

Женщины не развратны, просто они обожают игру, а она затягивает.

Он проводит рукой по тебе.

И там, где кончаешься ты, начинается шум, новости, вокзал, рынок, литературные склоки, болезни, рецепты и вся эта сволочная жизнь...

Женщины! Слушайте сюда!
Наблюдайте мужчин только в деле.
Не в одежде.
Не в беседе.
Не в еде.
Не в танце.
Не в шутке.
Не в спорте.
Поглядите его в работе.
И решайте!

Сидят четверо мужчин и на спор кричат:
— Ира!
— Люда!
Чья жена раньше прибежит
по секундомеру.

Прибежала моя, пока я ещё не был
женат.

Почему среди незнакомых женщин так много красивых?

Девочка ест мороженое: ложечку себе,
ложечку рыжей мохнатой собачке.

Кем ты будешь, девочка?

Отвечу: человеком.

Твой очаруванный прохожий.

Кончилась одна любовь, началась другая:
раньше бутылку ему не поставишь —
не поцелует,
теперь денег ей не дашь...

Он мог либо по любви, либо по найму.

Типичный женский звонок:
— Забери меня отсюда!
— А ты где?
Положила трубку.

Чтобы вы перестали изменять,
от вас должна уйти жена.

Поздняя любовь...
Не притягивать, но удерживать.

— Катенька, хочешь выпить?
— Хочу.
— Друзья! У кого есть выпивка?

Девочки, планируйте будущее.
Запланируйте мечту, запишите
исполнителя и приступайте к его поискам.

Капитаны женятся на буфетчицах.
Академики — на врачихах.
Писатели — на секретаршах.
Всё — из того, что под рукой.

Попадёшь под машину, глядя на эти ноги.

Что значит молодость:
к дереву прижмёшь — не сплющивается.

Чтобы выйти замуж, она уже дважды снижала
требования.
Ещё снизить не позволяет самолюбие.
Право выбора есть.
Выбора нет.

Ко мне подошла девушка:

— Михал Михалыч, почему вы всё время шутите? Вы можете заняться чем-то серьёзным?

— Чем?

— Например, мною!

Я постучал в её дверь.

— Кто там?
— А что, у тебя ещё кто-то есть?
— Ты, что ли, Миша?

Черт! Значит, есть.

— Все мужчины ничтожества, — говорила она, — хотя у них есть известные достижения.

Её полнота от силы тяжести опустилась вниз.

Верх в трамвае помещался, но низ крайне будоражил пассажиров.

Как быстро время летит!
Уже есть взрослые женщины, младше
меня на сорок лет.

Они успели встретиться и разойтись в течение первой брачной ночи.

Она не знала, а он не подозревал.

ОБЪЯВЛЕНИЕ

Внимание! Нужна женщина секонд-хенд.
Свежая, работящая, непокалеченная.
С пробегом лет 29—30—31 по нашей стране.
Располагаю 700—800$ в месяц.
Торг уместен.

Женщина — это печь, в которую надо подбрасывать дрова, уголь, деньги, продукты.

Единственное её достижение — красота.
Единственная её профессия — любовь.
А он искал в себе отклик на эти
достижения и, не найдя, с сожалением
удалился.

Мужики, повезло, женщины стали бояться красавцев.

Мы поцеловались и застолбили друг друга на всякий случай.

Мы потом поняли, что женская красота равна мужской физической силе.

Начинаются и кончаются одновременно.

Поэтому такие красивые жёны у бандитов.

Я девушка нечастая.

Танцевать с ней, как с мешком муки во время голода.

Женщина-автомобилист:
— Я куплю крем смазать руки,
чтоб руль хорошо скользил.

Живут мать и три дочки: двадцать пять, девятнадцать и семнадцать лет.

Недавно мать заглянула в паспорт старшей и ахнула — она была замужем и даже развелась!

Средняя не ночует и не работает.

Младшая плюёт в лицо кавалерам.

Но и мать не дура.

Была замужем, и все три дочери ни разу её мужа не видели.

Любовь

Она смотрела большими красивыми
глазами, потом прикрывала
их и поворачивала голову.

Кто-то ее научил не смотреть на повороте.

В Одессе:
— Отвезите меня за поцелуй
на Мясоедовскую.

Телефоны сейчас плохо работают:
487-64-56 — замужем.
267-33-35 — ребёнок.
256-68-36 — плачет и не выходит.
357-23-44 — в больнице.
259-23-42 — не хочет слышать.
356-29-11 — врёт беспардонно.

В ОДЕССЕ

— Слушай, Зина, я расскажу это только тебе — и тайна.
— А Юле Мойзес я могу рассказать?
— Нет.
— Тогда я не буду слушать.

Наконец на скрипках стали играть сексуальные женщины.

Скоро появятся виолончелистки в мини-юбках — это будет фурор!

Они часто встречались.
Он шёл на работу и она.
Начали встречаться вечерами.
И стали ходить разными дорогами.

Моё удовольствие — говорить с незнакомой женщиной.

Моё любимое занятие — говорить с красивой женщиной.

Моя мечта — поговорить с красивой и умной женщиной.

Мой принцип — с мужчинами молчать.

Распутство — кратчайший путь к женитьбе.

* * *

Венерическое заболевание начинается с глаз.

Мужчина — это совокупность свойств.
Женщина — это совокупность черт.

Ваше желание узнать её поближе пропадает, если вы узнаете её получше.

Он чувствовал: любовь — позвонить
и ничего не сказать.

Если я уйду и моя жена повеселеет, значит, вы знаете больше меня.

Наше национальное: сначала жениться, потом выбирать.

Кстати, в России есть свои прелести: вот их телефоны и имена.

Аромат неверности или вонь постоянства.

Выпьем за диких женщин.
Приручённые вредны человеку.

ОСЬМИНОГ ПАУЛЬ:

— Сегодня для матерей незамужних девушек брак по любви — катастрофа.

Мужику, где приспичило, там он и женится.
Разводятся все в других местах.

Биография мужчины — это женщины.
Биография женщины — это дети.

Он взял её в жёны вместе с двумя любовниками и тремя детьми.

Вот это чувство!

Вот это любовь!

Есть жёны, которые отвечают только
на второй крик.

ЖЕНСКИЙ ХАРАКТЕР

Она позвонила:
— Ты можешь говорить?
— Да!
— А я не могу, — и бросила трубку.

Нынешняя жена — понятие временное,
а прошлая жена — понятие постоянное.

Женщины делятся на молодых и остальных.

У меня такая жена! Когда б я ни заговорил, я её перебиваю.

Я ношусь со своим первым поцелуем.
Со своим первым признанием в любви.
Со своим «будьте моей женой».
И некому.
Все смотрят в руки.

Мне два жеста —
　　я с тобой.
Мне две капли —
　　я пьяна.
Мне две тряпки —
　　я одета.
Мне два слова —
　　я твоя.

Литературно-художественное издание

Жванецкий Михаил Михайлович

ЛЮБОВЬ (КОРОТКО)

Ответственный редактор *М. Яновская*
Художественный редактор *А. Стариков*
Технический редактор *О. Куликова*
Компьютерная верстка *Р. Куликов*
Корректор *М. Мазалова*

ООО «Издательство «Эксмо»
127299, Москва, ул. Клары Цеткин, д. 18/5. Тел. 411-68-86, 956-39-21.
Home page: **www.eksmo.ru** E-mail: **info@eksmo.ru**

Оптовая торговля книгами «Эксмо»:
ООО «ТД «Эксмо». 142702, Московская обл., Ленинский р-н, г. Видное,
Белокаменное ш., д. 1, многоканальный тел. 411-50-74.
E-mail: **reception@eksmo-sale.ru**

По вопросам приобретения книг «Эксмо» зарубежными оптовыми
покупателями обращаться в отдел зарубежных продаж ТД «Эксмо»
E-mail: **international@eksmo-sale.ru**

International Sales: International wholesale customers should contact
Foreign Sales Department of Trading House «Eksmo» for their orders.
international@eksmo-sale.ru

По вопросам заказа книг корпоративным клиентам, в том числе в специальном
оформлении, обращаться по тел. 411-68-59, доб. 2299, 2205, 2239, 1251.
E-mail: **vipzakaz@eksmo.ru**

Оптовая торговля бумажно-беловыми и канцелярскими товарами для школы
и офиса «Канц-Эксмо»: Компания «Канц-Эксмо»: 142700, Московская обл., Ленинский р-н, г. Видное-2, Белокаменное ш., д. 1, а/я 5. Тел./факс +7 (495) 745-28-87
(многоканальный). e-mail: **kanc@eksmo-sale.ru**, сайт: **www.kanc-eksmo.ru**

Подписано в печать 10.08.2012. Формат 70x90$^1/_{32}$.
Гарнитура «Литературная». Печать офсетная. Усл. печ. л. 6,42.
Тираж 15100 экз. Заказ № 6281

Отпечатано с готовых файлов заказчика
в ОАО «Первая Образцовая типография»,
филиал «УЛЬЯНОВСКИЙ ДОМ ПЕЧАТИ»
432980, г. Ульяновск, ул. Гончарова, 14

ISBN 978-5-699-56936-6